Trucs et Astuces Beauté I

Spécial lèvres – ongles - mains - yeux

Par Mégamarimaxi

Ed LEFRANCOIS

TABLES DES MATIERES

Cet ouvrage répertorie de nombreuses astuces et recettes à base de produits naturels. Mais avant de les utiliser, il est conseillé de respecter quelques précautions :

Si vous êtes allergique à un ingrédient ou enceinte ou si vous allaitez, il est conseillé de se renseigner sur la nature du produit à utiliser. En cas de doute, il est préférable de demander des conseils auprès de votre pharmacien ou de votre médecin.

Evitez le cumul de remède, les interattractions entre eux peuvent être dangereuses.

La peau et l'organisme des enfants est plus fragile que ceux d'un adulte. Soyez vigilant et employez certaines recettes avec prudence chez les enfants, surtout en cas d'eczéma, d'insuffisance respiratoire, de maladie chronique et de maladie cutanée. L'usage des huiles essentielles ne sont pas à utiliser sur les enfants de moins de 12 ans. Tous les produits à base de menthe sont dangereux et peuvent causer des arrêts respiratoires, surtout chez les enfants de moins de 2 ans.

Respectez les consignes d'utilisation des huiles essentielles. En effet, les huiles essentielles sont des mélanges complexes très actifs. Leur ingestion peut irriter le système digestif et ne convient ni aux femmes enceintes, aux allaitantes et aux enfants. En usage externe, certaines huiles essentielles peuvent provoquer des réactions allergiques. Il est conseillé de faire un essai du produit sur une petite surface de la peau.

Les huiles essentielles ne doivent pas être appliquées sur une peau fragile ou qui a été récemment exposée au soleil.

Les huiles essentielles ne doivent jamais être utilisées pures, mais diluer avec des huiles végétales. Lors de leur utilisation, il faut veiller à respecter scrupuleusement les posologies et les modes d'absorption.

D'une manière générale, il est préférable de demander l'avis de son pharmacien avant d'utiliser une huile essentielle.

Prenez bien soin de respecter les doses recommandées dans les recettes.

Dans ce premier livre, je vous donne quelques astuces pour sublimer vos lèvres, vos yeux, vos mains et vos ongles, le tout grâce à l'utilisation de produits entièrement naturels et peu coûteux.

Il faut savoir que nos grands-mères utilisaient déjà les recettes de ce livre pour se faire belle. Parfois, elles se concoctaient une petite potion, avec les ingrédients qu'elles trouvaient dans le placard ou le frigo, pour réparer leurs ongles cassées, effacer les cernes sous les yeux, dégonfler les paupières, mettre en valeur les lèvres... et bien d'autres choses encore.

Ici, je vous donne toutes les recettes de nos grands-mères. Vous verrez que je n'utilise aucun produit onéreux pour les réaliser et que des produits naturels. Avec ce livre, vous n'aurez plus besoin de crèmes coûteuses achetées en parfumeries pour retrouver de jolies mains ou effacer les taches brunes par exemple. Avec ce livre, vous vous ferez belle simplement, rapidement et surtout sans vous ruiner.

Apprenez à confectionner des produits naturels et profitez des bienfaits de la nature et des produits maisons. De la crème antivieillissement pour les mains, un baume à lèvre hydratant... je vous livre toutes mes recettes. Je vous montre comment lutter contre les ongles cassants, les lèvres gercées, les mains moites, les taches brunes… La plupart des produits utilisés se trouvent aisément dans le commerce.

Ce premier livre fait partie de la trilogie « Trucs et astuces Beauté », qui comprend un deuxième livre spécial cheveux, peau et épilation et un troisième livre spécial cellulite, maquillage et astuces pour être toujours fraîches.

LES LEVRES

Les lèvres sont un atout essentiel de séduction qu'il faut savoir mettre en valeur naturellement. Les lèvres ont besoin d'une attention particulièrement. Le froid, une mauvaise hydratation, le soleil... peuvent les abîmer. Voici quelques conseils et recettes pour avoir toujours de belles lèvres.

LEVRES DOUCES

Parfois, lorsque l'on met notre gloss, de vilaines peaux mortes peuvent apparaître sous le maquillage. Ce n'est pas très joli. Mais surtout, cela vous donne un aspect un peu négligé. Pour se défaire de ces affreuses peaux mortes, il suffit de réaliser régulièrement un gommage des lèvres. Et oui ! Le gommage n'est pas un acte qui se fait seulement sur la peau, les lèvres aussi ont le droit au gommage.

Pour cela, il suffit de frotter ses lèvres à l'aide d'une brosse à dents que l'on a préalablement pris soin d'enduire d'huile d'amande douce. Ce geste est à reproduire au moins une fois par semaine.

DES LEVRES PULPEUSES

Qui n'a jamais rêvé à avoir les lèvres pulpeuses d'Angélina Joli ? Avant de recourir à la chirurgie esthétique, voici une astuce toute simple qui vous permettra, grâce au maquillage, de gonfler vos lèvres naturellement.

Pour cela, il suffit de sourire exagérément lorsque vous vous appliquez votre rouge à lèvre ou votre gloss. En effet, les lèvres seront étirées et le rouge à lèvre sera déposé sur toute la longueur. Cela donnera du volume à vos lèvres. A vous le sourire pulpeux !

SE FABRIQUER UN BAUME À LEVRES

Avec cette petite recette, vous oublierez les désagréments des lèvres sèches ou gercées.

Dans un récipient plongé au bain-marie, mélangez 2 cuillères à café de cire d'abeille, 1 cuillère à café de jojoba, 1 cuillère à café d'huile d'olive et une cuillère à café d'huile d'argan. Cette mixture peut être appliquée aussi souvent que vous voulez sur vos lèvres, dès que vous les sentez sèches ou gercées. Et pour encore plus d'effet, appliquez-la le soir, juste avant d'aller au lit. Une bonne couche épaisse va hydrater vos lèvres en profondeur et dès le matin elles vont être toute douces.

EN FINIR AVEC LES LÈVRES GERCEES

Avec ma recette, rien n'est plus facile de se concocter un baume à lèvres efficace et surtout très économique. Mieux qu'un baume à lèvres, puisque ma recette est à masque qui va hydrater vos lèvres en profondeur et va apaiser les lèvres gercées.

Prenez un yaourt nature. Ajoutez-y quelques gouttes de pamplemousse et remuez. Vous obtiendrez une mixture qu'il suffira d'appliquer sur vos lèvres et de laisser poser pendant 30 minutes avant de rincer à l'eau tiède.

DES LÈVRES DOUCES

Voici une astuce très simple et efficace pour avoir toujours des lèvres soyeuses toute la journée.

Tous les matins, versez une petite quantité de bicarbonate de soude sur votre brosse à dents. Humidifiez-vous lèvre avec un peu d'eau et brossez-les avec la brosse à dents.

BEAUME À LÈVRES NATUREL

Vos lèvres sont gercées et abîmées. Pour qu'elles retrouvent toute leur douceur, il suffit de fabriquer une petite mixture maison rien qu'avec des produits naturels.

Dans un récipient, mélangez 1 cuillère à café d'huile de tournesol avec 20 g de cire d'abeille préalablement émiettée. Y ajouter 2 gouttes d'huile essentielle de citron, 2 gouttes d'huile essentielle de lavande et le jus d'un demi-citron. Faites chauffer le tout au bain-marie pendant 3 minutes tout en remuant. Laissez refroidir et transvasez la mixture dans un pot hermétique. Ce mélange pourra être gardé pendant 3 mois. Tous les matins, il vous suffira de l'appliquer sur vos lèvres.

Rappel : il est indispensable de bien lire les instructions avant d'utiliser les huiles essentielles.

CRÈME RÉPARATRICE MAISON

Vos lèvres ont tendance à devenir sèches rapidement et cela n'est pas très joli. Voici une petite recette de nos grands-mères pour préparer une crème réparatrice naturelle.

Prenez un pot muni d'un couvercle, versez-y 1 goutte d'huile essentielle de citron, 1 goutte d'huile essentielle d'orange, 1 cuillère à café de crème fraîche épaisse et 1 cuillère à soupe de miel liquide. Mélangez le tout jusqu'à obtention d'une crème onctueuse. Hydratez vos lèvres avec ce baume maison. Cette préparation peut être conservée pendant 6 jours au frigo.

FAIRE RESSORTIR DES LÈVRES FINES

Vos lèvres sont fines et vous aimeriez les mettre en valeur, sans pour autant utiliser un rouge à lèvres. En effet, se maquiller est tout un art qui est régit par certaines règles. Si vos yeux sont maquillés, vos lèvres doivent rester naturelles. Difficile à respecter lorsque l'on a des lèvres fines. Voici une petite astuce qui vous permettra de les faire ressortir sans trop les maquiller.

Avec un crayon beige clair-rosé, de la même teinte que la peau de votre visage ou légèrement plus clair, dessinez le contour de votre bouche et estompez le tracé vers l'extérieur. Cela va automatiquement donner l'impression de lèvres plus épaisses.

LES ONGLES

Avoir de beaux ongles, soignés et manucurés, c'est le signe évident que vous prenez soin de vous au quotidien. Qu'ils soient naturels ou vernis, coupés courts ou longs, les ongles se doivent d'être toujours impeccables. Pour cela voici quelques astuces et recettes maison.

RAMOLLIR LES CUTICULES

Le plus souvent, ramollir les cuticules est une vraie corvée qui peut très vite devenir une activité ruineuse si vous utiliser les produits du commerce. Voici une recette maison pour assouplir et hydrater vos cuticules juste avant une manucure.

Pour cela il suffit d'utiliser tout simplement une huile de cuisine et peu importe laquelle. L'huile d'olive, de noix, de tournesol… fera très bien l'affaire. Massez-vous les mains et faites pénétrer l'huile de cuisine au niveau des ongles. C'est facile, économique et surtout naturel.

DES ONGLES BLANCS

Stop aux ongles encrassés ou jaunis par la cigarette. Arrêtez de cacher vos ongles et faites leur un bon nettoyage en profondeur pour leur redonner de la blancheur.

Pour cela il suffit de tremper vos ongles pendant quelques minutes dans un bain tiède contenant de l'eau oxygénée. Ce traitement est idéal surtout si l'on aime le vernis incolore !

SECHER RAPIDEMENT LE VERNIS À ONGLES

Parfois, faire sécher son vernis à ongles peut prendre une plombe et l'on n'a pas forcément le temps. Mais un vernis mal séché est un vernis qui risque de s'enlever au moindre choc survenu après la pause. Voici une petite astuce très simple qui vous permettra d'oublier le sèche-cheveux.

Pour cela, il suffit de passer vos ongles des mains ou des pieds pendant quelques minutes à l'eau froide juste avant l'application du vernis. Je vous avais prévenu, c'est simple et terriblement efficace.

ONGLES SALIS PAR LE VERNIS

Enlever tout son vernis est une tâche fastidieuse. Parfois, il reste des petits résidus qu'il est difficile à faire partir. Ces petits résidus sont tenaces et peuvent vous faire passer pour une négligée.

L'astuce est de nettoyer vos ongles avec du bicarbonate de soude. Il suffit de saupoudrer le bicarbonate de soude sur une petite brosse souple et de la frotter énergiquement sur vos ongles préalablement humidifiés. Après deux à trois passages, vos ongles seront impeccables.

ONGLES SALES

Aie ! Vos ongles sont encrassés par la terre après avoir fait du jardinage ou du bricolage. De la terre, de la poussière ou de la crasse s'est infiltrée sous vos ongles et la déloger sera difficile. Mais pas tant que ça, car voici une recette qui vous aidera.

Mélangez, dans un récipient, le jus de 2 citrons avec 1 cuillère à soupe d'huile d'olive. Appliquez la mixture sur vos ongles en prenant bien soin d'insister sur les cuticules. Mettez des gants fins et laissez agir toute la nuit. Le lendemain, il suffira de rincer vos mains à l'eau claire et vous verrez que la saleté qui s'était logée insidieusement sous vos ongles disparaîtra instantanément. Cette petite astuce permet, également, de fortifier l'ongle.

FORTIFIER SES ONGLES

Toutes les coquettes aiment avoir de beaux ongles, forts et qui ne se cassent pas. Voici une petite recette pour les fortifier.

Dans une casserole, mélangez 9 cuillères à soupe de bicarbonate de soude et un verre de vinaigre de cidre. Faites chauffer le tout jusqu'à l'ébullition de la mixture. Laissez refroidir et une fois le mélange devenu tiède, plongez-y vos mains pendant 15 minutes. A faire toutes les semaines. Ce bain bicarbonaté fortifiera vos ongles qui seront parés pour toute la semaine. En plus, vos ongles seront toujours propres.

EN FINIR AVEC LES ONGLES MOUS

Certaines femmes ont fait l'expérience des ongles mous et cassants. Si tôt qu'ils poussent, ils se dédoublent et se cassent, rendant toute manucure impossible. On a beau y mettre un vernis fortifiant, prendre des gélules pour les fortifier, rien n'y fait, il vous est difficile de garder vos ongles longs longtemps. Voici une petite astuce pour les aider à pousser forts et beaux.

Préparez une solution de chlorure de magnésium. Pour cela, diluez dans de l'eau du chlorure de magnésium et buvez cette ingénieuse solution régulièrement. La dose idéale pour préparer une telle mixture est de 20 g de chlorure de magnésium pour 1 litre d'eau.

LA SOLUTION ECONOMIQUE POUR RETIRER SON VERNIS

Lorsqu'il faut retirer son vernis à ongle, on consomme un nombre important de coton à démaquiller avec son dissolvant. Voilà une astuce pour réduire sa consommation de coton et faire du recyclage. C'est bon pour la planète et bon pour vos ongles.

Au lieu de jeter vos vieux collants en nylon filés, recyclez-les. Coupez des petits morceaux. Imbibez le nombre voulu de collants par un peu de dissolvant. Vous pouvez alors retirer votre vernis. La matière des collants accroche le vernis et le fait disparaître rapidement sans difficulté.

FAIRE DISPARAITRE LES TACHES JAUNES

Les fumeuses connaissent bien le problème des tâches jaunes sur les ongles. Ces tâches sont bien ancrées et on a du mal à les déloger. Voici une petite astuce à réaliser chez vous, tout simplement.

Coupez un citron en deux et frottez en partie sur vos ongles jaunis par le tabac. Ils retrouveront toute leur blancheur. Toujours avec le citron, il suffit de faire prendre un bain d'eau tiède mélangée d'un jus d'un citron pour que vos ongles retrouvent toute leur blancheur.

LES ONGLES CASSANTS

Voici deux astuces utilisées par nos grands-mères pour en finir avec les ongles fragiles, cassants et qui se dédoublent.

Nos grands-mères se massaient les mains et les ongles régulièrement avec de l'huile de ricin qui a la particularité de fortifier les ongles.

Elles utilisaient aussi l'huile d'olive et plongeaient leurs mains dans un bain d'huile d'olive tiède. Cette petite astuce permet de fortifier les ongles et d'adoucir la peau des mains.

POUR DIRE ADIEU AUX SALISSURES

Lorsque l'on jardine ou l'on bricole, nos ongles se remplissent souvent de terre ou de salissures que l'on a du mal à faire partir. Cette petite astuce, facile à réaliser, vous permettra de garder vos ongles propres quelle que soit l'activité pratiquée.

Prenez un bloc de savon de Marseille (le véritable !) et griffez-le de toute vos forces. De petits copeaux de savon s'installeront sous vos ongles. Ensuite, après le jardinage ou le bricolage, il suffira de se rincer simplement les mains à l'eau claire et toute la saleté partira avec le savon. Vos ongles seront toujours propres et nets.

LA FIN DES ONGLES CASSANTS

Les ongles secs, cassants et striés ont besoin d'être nourris en profondeur. Voici une petite astuce simple à réaliser qui sera un véritable masque de beauté pour vos ongles.

Avant de vous coucher, passez une bonne couche généreuse de vaseline sur vos ongles en insistant sur les contours. Mettez des gants et laissez agir toute la nuit. Et avec cette astuce, vos mains aussi en profitent et sont nourris intensément.

FAVORISER LA POUSSE DES ONGLES

Pour avoir des ongles en pleine santé et favoriser leur pousse, voici une petite astuce qui nous vient de nos grands-mères.

Buvez des infusions d'ortie. On peut en boire jusqu'à 1 litre par jour. L'ortie est une plante riche en minéraux et silicate, qui présente des vertus nourrissantes. Vos ongles seront moins fragiles et leur pousse sera stimulée.

Bonus : en plus de fortifier les ongles, la tisane d'ortie donne une belle peau !

ELIMINER LES CUTICULES

Avoir de belles mains passe obligatoirement par le soin des ongles. Et avoir de beaux ongles passe par l'élimination des cuticules, qui donnent un aspect négligé à vos doigts. Voici une petite astuce qui permettra de les repousser plus facilement.

Préparez un bol d'eau tiède et ajoutez quelques centilitres de vinaigre blanc. Trempez pendant 5 minutes vos doigts dans cette solution. Vos cuticules vont se ramollir et seront plus faciles à pousser.

LES MAINS

Nos mains sont les premières à être exposées au froid et au soleil. Elles subissent toutes sortes de tortures lorsqu'on les plonge dans l'eau de la vaisselle, dans l'eau bouillante du seau contenant du détergent pour sol ou encore dans de l'eau contenant de la javel. La peau de nos mains s'abîment et se dessèchent. Et avec le vieillissement, des petites taches brunes peuvent apparaître. De plus, avoir de belles mains est le signe que vous prenez soin de vous. Pour avoir toujours de belles mains et faire disparaître les taches, voici quelques astuces et recettes maison.

DES MAINS TOUJOURS DOUCES

Souvent l'hiver, nos mains sont sèches, abîmées ou irritées. Voici un petit soin maison pour les aider à retrouver toute leur douceur.

Epluchez et râpez une pomme de terre crue. Dans un bol, mélangez les copeaux de pomme de terre avec 3 cuillères à soupe d'huile d'olive. Vous obtiendrez une pâte. Appliquez-la sur vos mains et laissez agir pendant 15 minutes avant de rincer à l'eau claire. Vos mains seront nourries et hydratées en profondeur.

ATTENUER LES TACHES BRUNES

L'apparition des taches brunes sur le dos de la main est causée par le soleil et le vieillissement. Une fois qu'elles apparaissent, elles sont difficile à faire disparaître et trahissent votre âge. Voici une petite recette simple à réaliser pour vous aider à les estomper.

Dans un bol, mélangez une petite quantité de miel avec un yaourt nature. Appliquez une dose de cette mixture chaque jour sur vos mains et laissez agir 10 minutes avant de rincer. Cela va décolorer les taches brunes et redonner une seconde jeunesse à vos mains.

UN ANTIRIDE POUR LES MAINS

La peau de nos mains vieillit aussi, comme celle du visage et du cou. Pour ralentir ce vieillissement et avoir toujours de belles mains resplendissantes de jeunesse, voici une petite recette à utiliser sans aucune modération.

Dans un récipient, mélangez 40 g de glycérine, 200 g de lait d'amande douce, 10 g de cire blanche et 20 cl d'eau de rose. Faites chauffer la mixture au bain-marie à feu très doux pendant une vingtaine de minutes environ. Vous obtiendrez une crème que vous pouvez transvaser dans une boite hermétique et utiliser pendant 3 mois. Tous les soirs, utilisez cette crème en massage sur les mains. Cette antiride préviendra le vieillissement de la peau des mains et les rendra douces.

Petit bonus : cette même mixture peut aussi s'utiliser pour hydrater la peau au niveau des coudes.

CRÈME HYDRATANTE POUR LES MAINS

La peau de vos mains, en subissant les agressions externes, a tendance à se dessécher. Vos mains deviennent, alors, rêches et rugueuses. Pour en finir avec ce désagrément, voici une crème maison facile à concocter.

Prenez une bougie blanche et râpez-la. Prenez une bonne cuillère à café de copeaux que vous mélangerez avec 3 cuillères à café d'huile d'amande douce, 3 cuillères à café d'eau de rose, 3 cuillères à café de glycérine et 5 gouttes d'huile essentielle de lavande. Faites dissoudre le tout au bain-marie tout en remuant. Versez la mixture dans un pot hermétique et laissez refroidir. Vous obtiendrez une crème hydratante à base de produits naturels qui se conservera pendant 3 mois.

EN FINIR AVEC LES MAINS ABIMEES

Vos mains sont rugueuses, sèches et aucune crème achetée dans le commerce n'arrive à faire disparaître totalement ce désagrément. Voici une petite recette pour vous fabriquer une crème réparatrice digne des grandes enseignes de la cosmétique.

Prenez la chair d'un avocat et mélangez-la avec 2 abricots jusqu'à obtenir une pâte lisse. Ajoutez-y 2 gouttes d'huile essentielle de citron et 2 cuillères à soupe de miel. Utilisez cette crème réparatrice comme un masque de beauté. Enduisez vos mains de mixture, plongez-les dans des gants et laisser agir toute la nuit. Le lendemain, rincez vos mains à l'eau tiède. Pour que la crème agisse en profondeur, il est conseillé de renouveler l'opération trois nuits d'affilée.

POUR DIRE ADIEU AUX MAUVAISES ODEURS

Lorsque l'on cuisine, on manipule des ingrédients et certains laissent sur les mains une mauvaise odeur qu'il est difficile de faire disparaître. On pense, notamment, à l'oignon et au poisson qui laissent une odeur pas très agréable sur les mains. Voici une petite astuce très simple qui vous aidera à lutter contre ces odeurs désagréables.

Pour cela, il suffit simplement de frottez vos mains avec le jus d'un citron et de les rincer à l'eau froide. L'odeur désagréable sera aussitôt remplacée par une délicate odeur citronnée.

PROTEGER SES MAINS DU FROID

Durant l'hiver, il est primordial de protéger ses mains du froid. Dans le commerce, il existe une multitude de crèmes protectrices. Certaines sont onéreuses, d'autres moins. Certaines sont efficaces et d'autres moins. Voici une recette efficace et peu onéreuse pour protéger vos mains du froid de l'hiver.

Dans un petit récipient, mélangez 5 gouttes d'huile essentielle de citron et une cuillère à soupe d'huile d'amande douce ou d'huile d'olive. Dès que vous sortez, massez vos mains avec cette mixture. Vos mimines seront parfaitement protégées du froid et sentiront bon le citron.

Attention : l'huile essentielle de citron est un composé photosensiblilisant. Ne pas exposer ses mains au soleil après l'application au risque de voir apparaître de vilaines taches brunes.

EN FINIR AVEC LES MAINS GERCEES

Chaque hiver, c'est toujours la même chose. Vos mains sont agressées par le froid, elles s'assèchent et finissent par se gercer. Pour en finir avec ce problème, voici une petite recette maison facile à fabriquer.

Récupérez le jus d'un citron pressé et mélangez-le avec 1 cuillère à café d'huile d'olive et 1 cuillère à soupe de miel liquide. Vous obtiendrez une petite mixture qu'il suffira d'appliquer sur vos mains et de laisser agir pendant 20 minutes avant de rincer à l'eau claire pour hydrater en profondeur vos mains.

PRESERVER SES MAINS

On le sait toutes, l'eau de la vaisselle abîme nos mains et faire la vaisselle avec des gants n'est pas toujours commode. Pour préserver ses mains lors de cette activité, voici une petite astuce très simple à réaliser.

Ajoutez 2 cuillères à café de bicarbonate de soude à l'eau de lavage. Cela va diminuer le calcaire présent dans l'eau souvent responsable du dessèchement de la peau.

AVOIR DES MAINS DE VELOURS

En période de froid, lorsque les températures deviennent négatives, les mains sont les premières à souffrir. Elles s'assèchent et peuvent gercées. Voici une petite astuce pour éviter ce genre de désagrément et, ainsi, avoir toujours des mains de velours.

Dans 1 litre d'eau, ajoutez 2 cuillères à café de bicarbonate de soude. Plongez vos mains dans cette solution et laissez-les baigner pendant une dizaine de minutes. Comme pour le bain de pied, ce bain est une véritable cure de jouvence pour les mains maltraitées par le froid.

AVOIR LES MAINS DOUCES

Pour avoir toujours les mains douces naturellement, voici quelques huiles qui vous aideront à les préserver et à les hydrater.

Le beurre de karité et quasiment toutes les huiles végétales (amande douce, germe de blé, olive, sésame…) sont vos alliés pour vous aider à garder vos mains douces tout au long de la journée. Et pour les hydrater en profondeur, vous pouvez utiliser ces produits sous forme d'un masque. Pour cela, il suffit de s'enduire les mains généreusement avec une huile ou le beurre de karité, d'enfilez des gants en coton et de laisser agir toute la nuit.

UN GOMMAGE POUR LES MAINS

Tout comme pour le reste du corps, la peau des mains peut aussi contenir des peaux mortes qu'il faut éliminer. Voici une petite recette facile qui vous permettra de gommer toutes les peaux mortes de vos mains.

Dans un mixeur, mixez 3 cuillères à soupe de flocons d'avoine et une cuillère à soupe d'huile végétale (amande douce, germe de blé, olive, sésame…). Frottez vos mains avec la pâte obtenue pendant 3 minutes avant de rincer abondamment à l'eau claire. Vos peaux mortes seront alors éliminer.

EFFACER LES TACHES BRUNES

La plupart du temps, les taches brunes sont causées par le vieillissement et l'exposition au soleil. Une fois qu'elles sont apparues, il est très difficile de les faire partir. Certaines crèmes existent dans le commerce. Mais voici une recette de crème qui marche aussi bien, sinon mieux, que les crèmes à base de produits chimiques que l'on trouve dans le commerce.

Dans un flacon, mélangez 50 ml d'huile d'onagre, 8 gouttes d'huile essentielle de bois de rose et 8 gouttes d'huile essentielle de géranium de rosat. Cette petite mixture doit être appliquée toutes les jours sur le dos de la main, en légers massages. Mais si vous aimez la simplicité, une lotion de persil permet aussi d'estomper les taches brunes. Utilisée en massage quotidien, elle fait des ravages contres ces vilaines taches.

DES MAINS SOYEUSES

Pour retrouver des mains douces et soyeuses, voici une petite recette pour fabriquer une crème réparatrice à base de produits naturels.

Dans un récipient, mélangez la même quantité de jus de citron, de glycérine et d'eau de Cologne jusqu'à la formation d'une lotion homogène. Appliquez cette préparation dès que vous sentez vos mains sèches.

MAINS MOITES

Dès que vous êtes stressées, vos mains deviennent moites et cela est gênant. Voici une petite astuce pour éviter ce genre de désagrément.

Dès que vous sentez que vos mains deviennent moites, saupoudrez-les avec un peu de bicarbonate de soude. Ayez toujours un flacon de bicarbonate de soude sur vous, surtout lors d'un entretien d'embauche ou d'un rendez-vous galant.

BOOSTER L'EFFET DE SA CREME HYDRATANTE

Vous utilisez une crème hydratante pour vos mains, mais malgré une utilisation fréquente, elles restent désespérément rugueuses. Avant de changer de crème et de dépenser encore de l'argent, voici une petite astuce qui permettra de booster les composants qu'elle contient.

Mélangez à votre crème 3 cuillères à café de bicarbonate de soude et 1 cuillère à soupe de vinaigre de cidre. Ces ingrédients vont permettre de booster l'efficacité de votre crème hydratante.

LE PERSIL POUR ATTENUER LES TACHES BRUNES

Le plus souvent, les taches brunes sont dues au soleil et au vieillissement. Elles sont inesthétiques, trahissent notre âge et sont souvent mal vécues. Voici une petite astuce naturelle pour les atténuer.

Massez quotidiennement vos mains avec une lotion de persil. Le persil devrait atténuer ces vilaines taches. Mais attention, c'est un travail de longue haleine, il ne suffit pas d'appliquer la lotion une fois pour les voir disparaître !

AVOIR DES MAINS DOUCES SANS CREME

Cette astuce s'adresse à toutes celles qui se ruinent en achetant des crèmes hydratantes pour toujours avoir les mains douces. Stop ! Faites des économies grâce à une méthode naturelle et surtout qui ne vous coûtera pas un centime en produit cosmétique.

Plongez vos mains dans un bain d'eau salée pendant 5 minutes puis dans un bain d'eau sucrée pendant 5 minutes. Voilà, c'est fini ! Vos mains sont douces et cela sans aucune crème !

BOOSTER L'EFFICACITÉ DE SA CRÈME L'HIVER

La peau de vos mains est les premières à être agressée par le froid de l'hiver. Elle se dessèche et devient rugueuse malgré l'utilisation d'une crème hydratante. Voici une petite astuce pour rendre votre crème hydratante encore plus efficace et éviter ce désagrément.

Ajoutez quelques gouttes de vinaigre de cidre à votre soin habituel et massez-vous les mains avec. Pour une plus grande efficacité du produit, vous pouvez renouveler cette opération plusieurs fois par jour.

LES DOIGTS JAUNIS PAR LA CIGARETTE

Ceux et celles qui fument connaissent bien le problème des doigts jaunis par la cigarette. Il vrai, qu'ensuite, on a un peu honte de montrer ses doigts, ce n'est pas très esthétique. Voici une petite astuce pour effacer ces traces et retrouver des doigts impeccables.

Pour cela, il suffit de frotter vos doigts avec une petite noisette de dentifrice. En plus ne nettoyer et de gommer leur aspect jaunâtre, vos doigts se sentiront plus la fumée de cigarette. Une autre petite astuce est de les frotter avec un peu de bicarbonate de soude. Cela va les nettoyer et en plus les désodoriser.

LES YEUX

Vos yeux sont le reflet de votre personnalité. Les yeux véhiculent de l'émotion et des sentiments. Mais ils peuvent aussi nous trahir, en affichant de vilaines cernes ou des paupières enflées par une mauvaise nuit. Pour avoir toujours un magnifique regard, voici quelques astuces et recettes à base de produits naturels.

EN FINIR AVEC LES YEUX FATIGUES

La nuit a été trop courte ou vous avez mal dormi ou encore vous êtes enrhumé. Vos yeux trahissent ce manque évident de sommeil ou les petits virus qui ont envahi votre organisme. Voici une petite astuce pour sembler moins fatiguée que ce qu'il n'y parait.

Pour paraître plus réveillée et plus en forme, il suffit d'appliquer une petite touche de mascara sur les cils du haut. En revanche, évitez de maquiller les cils du bas, ce qui aurait comme effet de mettre en valeur vos cernes.

UN DEMAQUILLANT MAISON

Ha la corvée du démaquillage ! Beaucoup en font l'impasse car se retrouvent à cours de démaquillant. Et pourtant, le démaquillage est une étape importante pour la santé de votre peau. Pour éliminer toute trace de maquillage sur votre visage, voici une petite astuce très ingénieuse.

Prenez du peu de vaseline et déposez-en sur un coton. Tamponnez délicatement vos paupières, sans frotter puis rincez abondamment à l'eau tiède. La vaseline est un produit idéal pour préserver la peau fine et fragile des paupières.

ESTOMPER LES CERNES

Vous vous êtes couché trop tard le soir ou tôt le matin et vous savez pertinemment que vous n'aurez pas votre quota de sommeil. Vous savez que demain, votre regard sera celui d'un boxeur ko. Pour éviter cela, il suffit d'anticiper.

Il suffit d'appliquer de l'huile de ricin sur le contour des yeux et les paupières, juste avant de vous coucher. Attention à ne pas toucher l'œil. Au réveil, votre regard sera illuminé, sans aucune trace de cerne.

UN ANTICERNES NATUREL

Dans son armoire, avec les produits de beauté, il est indispensable d'avoir toujours de l'eau de bleuet. En effet, l'eau de bleuet est un décongestionnant qui vous rendra un énorme service lorsque votre nuit a été courte.

Le matin au réveil, l'eau de bleuet s'applique en tapotant délicatement sous l'œil. Elle dégonfle et atténue les cernes. Son seul petit défaut est d'avoir une odeur tenace qui peut, parfois, gêner.

UN ANTICERNES ECOLO

Là je vous propose de réaliser un anticernes gratuit, écologique, facile à réaliser et surtout très efficace, avec du marc de café. Donc ne jetez plus votre marc de café une fois votre boisson préparée, mais recycler-le.

Pour cela, il suffit de mélanger une cuillère à café du marc de café avec une cuillère à café de yaourt ou de fromage blanc. Ajoutez à la préparation quelques gouttes de jus de citron et laissez refroidir pendant une journée la mixture au réfrigérateur. Déposez-la sous forme de masque sous vos yeux et laissez agir pendant une quinzaine de minutes avant de nettoyer. Cette préparation va faire disparaître vos cernes et peut être posée toutes les semaines pour plus d'efficacité.

DÉGLONFLER LES POCHES

On le sait tous, le concombre est vraiment le produit miracle pour nous aider à estomper les poches que l'on a sous les yeux. Vous savez, ces vilaines poches qui montrent à tous combien on est fatigué, qui nous vieillissent et qui sont là dès le réveil sans jamais pouvoir les faire disparaître, malgré toutes les crèmes onéreuses que vous avez mises sous les yeux. Voici une petite astuce qui vous aidera à les estomper sans vous ruiner.

Pour cela, il suffit de couper deux rondelles bien généreuses de concombre et de les laissez poser pendant au moins 20 minutes sur vos yeux. Cela est radical pour les poches. En attendant que le concombre agisse, profitez-en pour vous relaxer en écoutant de la musique.

DECONGESTIONNER SES YEUX

Le regard est le reflet de l'esprit. Il exprime les sentiments et fait passer des messages. Alors ne le négligez pas. Pour en finir avec des yeux congestionnés au réveil, voici deux soins ancestraux à ne pas louper.

Appliquez, dès votre réveil, de l'eau de bleuet sur vos yeux, ce qui va les décongestionner pour la journée. Pour cela, imprégnez-en des compresses et laissez agir pendant 5 minutes sur chaque œil. Sinon, servez-vous de vos sachets de thé déjà infusés et posez-les sur vos yeux pendant 5 minutes. Et si vous n'avez pas d'eau de bleuet sous la main ou de sachet de thé, baignez vos yeux dans de l'eau froide, ce qui va faciliter la circulation du sang dans les paupières.

POUR UN REGARD DE BICHE

Le regard en dit long sur vous. D'ailleurs, c'est la première chose que l'on voit de vous et c'est une arme de séduction redoutable. Voici une petite recette de grands-mères pour avoir toujours un regard de biche.

Dans ½ litre d'eau, versez 15 g de feuilles de plantain, 15 g de fleurs de bleuet et 15 g de sommités fleuries de mélilot. Faites bouillir le tout et laissez infuser pendant 45 minutes. Puis rincez-vous les yeux, chaque soir, avec ce collyre qui va intensifier votre regard.

ALLONGER LES CILS

Parfois, il ne suffit pas de grand-chose pour donner de la profondeur à son regard. Allonger ses cils permet de donner de la dimension à son regard et de le booster. Pour cela, il existe une petite astuce très simple qui va permettre d'allonger vos cils petit à petit. Avec elle, vous allez pouvoir jeter vos faux-cils !

Dans un petit pot, mélangez la même quantité de vaseline et d'huile de ricin. Appliquez tous les soirs cette préparation sur vos cils. Petit à petit, vos cils s'allongeront.

LE FROID POUR UN REGARD NICKEL

Le regard trahit notre état de fatigue, surtout lorsque des vilaines cernes creusent l'œil, que les yeux sont gonflés et que les poches nous font ressembler à un cocker. Voici une petite astuce pour les pressées, qui utilise le froid pour en finir avec ses désagréments, car le froid stimule la circulation sanguine et dégonfle les poches.

Dans votre congélateur, entreposez quelques disques de coton. Les jours de grande fatigue, sortez-en deux et laissez-les décongeler sur vos yeux. De même, au réveil, vous pouvez poser une serviette remplie de glaçon sur vos yeux.

ANTICIPER LES CERNES

Vous vous êtes couchée trop tard ou tôt le matin et vous savez pertinent que le réveil sera difficile. Vous yeux trahiront votre manque de soleil et afficheront de vilaines cernes pour vous punir. Pour anticiper la venue des cernes, voici une petite astuce pour éviter d'avoir un regard d'un boxeur au tapis.

Pour éviter les cernes, il suffit d'appliquer de l'huile de ricin sur vos paupières et autour des yeux (attention à ne pas toucher l'œil) juste avant de vous coucher.

UN REGARD ENVOUTANT

Pour des yeux de biche et un regard envoûtant, rien ne vaut que les des cils longs et soyeux. Pour cela, il y a celles qui perdent un temps fou à poser des faux cils, d'autres qui achètent des mascaras onéreux qui promettent de rallonger les cils. Stop à tout ça ! Voici une petite astuce pour favoriser la croissance des cils et leur donner vitalité et tonus.

Imbibez un coton d'huile de ricin et tamponnez délicatement vos cils (attention à ne pas toucher l'œil). L'huile de ricin va accélérer la croissance des cils et les rendre plus forts.

Petite astuce : l'huile de ricin est aussi très bon pour les ongles. Pendant que vous faites ce soin, ne les oubliez pas et passez votre coton sur vos ongles. Cela va les nourrir et les protéger.

LUTTER CONTRE LES PAUPIERES GONFLEES

Avec l'âge et la fatigue, vos paupières sont gonflées et ce n'est pas très joli. Voici une petite recette de nos grands-mères qui les feront dégonfler en un temps record.

Dans 1 litre d'eau, faites bouillir 60 g de cerfeuil, puis laissez infuser pendant une petite heure avant de filtrer. Vous obtiendrez une décoction de cerfeuil qu'il suffira d'appliquer en compresse sur chaque œil, à l'aide d'un coton imbibé, pour voir se désenfler vos paupières.

DES YEUX TOUJOURS BRILLANTS

Vous rêvez d'avoir les yeux pétillants du matin au soir. Voici une petite astuce qui va rehausser la couleur du blanc de l'œil et intensifier votre regard.

Mettez quelques gouttes d'eau de bleuet (en vente en parapharmacie) dans les yeux chaque matin. En plus d'intensifier le regard, l'eau de bleuet va reposer vos yeux, ce qui présente un avantage certain pour ceux et celles qui travaillent derrière un écran d'ordinateur.